사라반드

리토피아포에지·166
사라반드
인쇄 2025. 8. 10  발행 2025. 8. 15
지은이 고창수 펴낸이 정기옥
펴낸곳 리토피아
출판등록 2006. 6. 15. 제2006-12호
주소 21315 인천광역시 부평구 평천로255번길 13, 903호
전화 032-883-5356 전송 032-891-5356
홈페이지 www.litopia21.com 전자우편 litopia999@naver.com
ISBN-978-89-6412-207-5 03810

값 16,000원

· 이 책의 저작권은 지은이와 리토피아에 있습니다.
· 잘못 만들어진 책은 바꿔드립니다.

고창수 사진시|Photo-Poems

## 사라반드

저자의 말

　사진과 시는 서로를 완벽하게 설명/해설하지 못하는 전혀 다른 매체이다. 사진의 이미지는 시어로 그려진 심상과는 그 성격과 표현방식/능력이 다르다. 사진과 시가 상호작용하는 가운데 제3, 제4의 예술적 공간과 가능성이 생기며 작가와 독자/감상자의 상상의 세계를 전개시켜 준다.

　부족한 나의 작품과 〈저자의 말〉에 대한 독자/감상자들의 예술적 상상력과 이해를 기대하며, 책의 제작을 도와주신 여러분께 감사 드린다.

2025년 8월
저자 **고창수**

## 차례

1부

| | |
|---|---|
| 얼굴·1 | 12 |
| 음악·1 | 14 |
| 범아일여 | 16 |
| 솟대 | 18 |
| 거울·1 | 20 |
| 이명耳鳴 | 22 |
| 포토포엠 철학 | 24 |
| 어시장의 새벽 | 26 |
| 꿈속 악기상점 | 28 |
| 고양이 풍경 | 30 |
| 바닷가에 서면 | 32 |
| 풍경 | 34 |
| 사라반드 | 36 |
| 축제의 얼굴 | 38 |
| 부채 파는 노인 | 40 |
| 고양이·1 | 42 |

2부

| | |
|---|---|
| 사진론 | 46 |
| 시계의 기억 | 48 |
| 그림자 | 50 |
| 강아지에게 | 52 |
| 뱃길 | 54 |
| 트여 오는 풍경 | 56 |
| 아라뱃길 | 58 |
| 대면-길가 고양이 | 60 |
| 두 세상이 만날 때 | 62 |
| 기억 | 64 |
| 신화·1 | 66 |
| 나무의 꿈 | 68 |
| 은유와 상징 | 70 |
| 춤 | 72 |
| 음악·2 | 74 |
| 쩌가이 가브르메딘 시인 | 76 |

3부

| | |
|---|---|
| 북한산을 그리며 | 80 |
| 신화·2 | 82 |
| 우리의 찻사발 | 84 |
| 환청의 신화 | 86 |
| 고양이 | 88 |
| 자명종 시계 | 90 |
| 붕어빵 | 92 |
| 에티오피아 신화 | 94 |
| 춤 | 96 |
| 바다가 날 부르는 목소리는 | 98 |
| 우리 강아지 자니에게·1 | 100 |
| 환청 | 102 |
| 과일 상점 | 104 |
| 우리 강아지 자니에게·2 | 106 |
| 고도를 기다리며-사무엘 베케트 | 108 |
| 해질녘 한강에서 | 110 |

**4부**

| | |
|---|---|
| 마차와 바퀴 | 114 |
| 거울·2 | 116 |
| 시인 라이너 마리아 릴케 작 "묘비명" | 118 |
| 만선 | 120 |
| 나무의 꿈 | 122 |
| 얼굴·2 | 124 |
| 바닷가 환청 | 126 |
| 선시 습작 | 128 |
| 두 세상이 만날 때·2 | 130 |
| 마네킨 인형 | 132 |
| 신화의 황금알 | 134 |
| 새해의 신화 | 136 |
| 꿈에만 만나는 사람들 | 138 |
| 곡예사 | 140 |
| 겹쳐진 시간과 공간 | 142 |
| 간절한 음악 | 144 |
| 겨울나무 | 146 |

1부

01

## 얼굴·1

당신의 얼굴은 촛불입니다
내 안에 당신이 켜놓은 촛불입니다
당신의 얼굴은 내 노래입니다
하염없이 흐르는 내 노래입니다
당신의 얼굴은 내 가슴의 설렘입니다
영겁에 대한 내 그리움입니다
지워도 지워도 지워지지 않는
내 그리움입니다.

02

## 음악·1

사람이나 집이나 시퍼런 칼날이나
모두 시간 속에 사라진다
신비로운 음악도
시간 속으로 사라지지만
천상의 가락과 춤사위로 돌아와
사람의 목숨에 메아리 친다.

03

## 범아일여

철교와 강물과 구름이 일렁거리는 여기 우리 시야 속에
우리가 만든 신화의 마차를 타고
꿈속엔 듯 사람이 하늘로 떠오르는 광경은
브라흐만과 아트만이 어울려 춤추는 범아일여의 경지.

04

## 솟대

옛날옛적 집 울타리 안에 세우던 솟대의 나무새는
지금도 저 하늘의 전갈을 침묵으로 전해주고
또한 사람들의 전갈을 하늘로 전하고 있으며
사람들의 삶과 꿈을 뜬 눈으로 지켜줄 거에요.

05

## 거울·1

사람이 떠난 다음
거울 속에 남는 그림자와 침묵
거울 속을 들여다보아라
거울 속을 들여다보며 지켜보아라
눈에 보이지 않게 오는 것들
가는 것들을 지켜보아라.

06

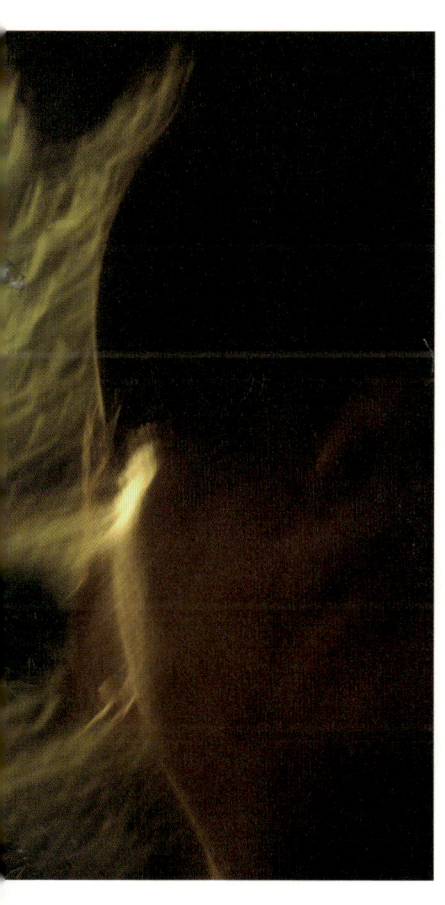

## 이명耳鳴

Atlantis 도시는 철학자 플라톤의 귀에
이명으로 들렸을까.
해질녘 시냇가 사람들 가운데
구석기 우리 조상의 모습을 언뜻 보듯
우리 이명 속에
천마의 목소리를 듣는다.

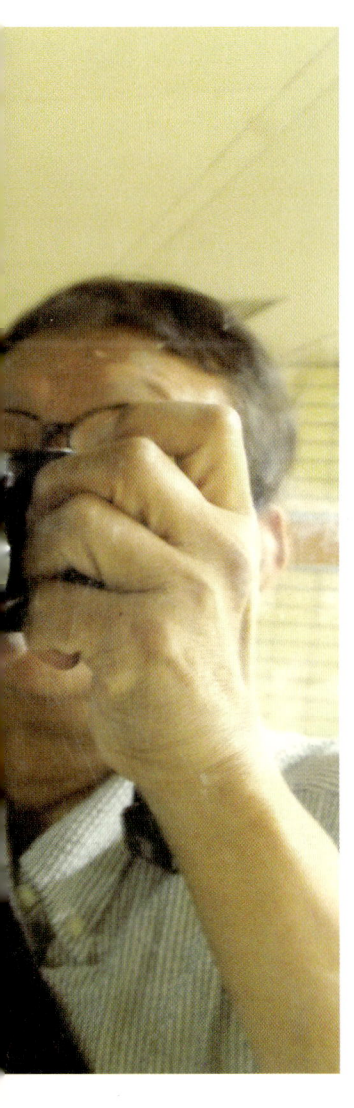

## 포토포엠 철학

어느 골목에서 사진을 찍고 있는데
한 노인이 뭐하느냐 묻기에
사물들이 서로 비추는 것을 찍는다고 했더니
비춰주기는 개뿔이 비춰줘 하고 나무란다
사물들이 뼈 속까지 서로 비춘다고 믿는 나에게
찬물 먹고 정신 차리라는 말로 들린다.

08

## 어시장의 새벽

철갑고래 팔뚝의 사나이가
먼 바다의 은백색 함성을
어시장 바닥에 쏴- 부어
어시장의 아침을 깨우고 있다.

09

## 꿈속 악기상점

꿈에서 몇 번 들려본 악기상점이 있다
은빛으로 빛나는 나팔을 불어보기도 한
가로등이 환한 골목이 눈에 선한데
어제 밤 꿈에서는 악기상점을 찾다가 길을 잃었다
생시에는 가본 일 없는 그 악기상점
어느 다른 세상에서 본 것인가?
언제 어디에서 꿈들이 서로를 꿈꾼 것일까?

10

## 고양이 풍경

꽃나무 아래에서
냉담하게 풍경을 파악하는 고양이 눈
동물 찾기 그림처럼
풍경 속에 숨겨진 고양이 눈이
여기저기서 내다보고 있다.
고양이 눈의 프리즘을 통과한 고양이 풍경과
내 눈에 비친 석양 풍경이 교차한다.

11

## 바닷가에 서면

바닷가에 서면, 사람은
무엇을 얼마나 얻는 것이냐
무엇을 얼마나 잃는 것이냐
갈매기가 파도 위에서 몸부림치는
바닷가에 서면, 사람은
무엇을 얼마나 보는 것이냐
무엇을 얼마나 못 보는 것이냐?

12

## 풍경

우리 조상 원시인들이
동굴 속에서 반겼던 떠오르는 태양
바위에 새겨 넣은 새들과 꽃나무들
모두 우리의 풍경 속에 되살아난다
사람은 풍경 속에 존재하고
풍경은 사람 속에 울려 퍼진다.

13

## 사라반드

느린 세 박자의 스페인 춤이여
우리의 사랑처럼 구슬픈 춤이여
이젠 아주 잊혀진 까마득한 축제의
아직도 살아남은 가락이여
무명으로 얼굴을 가리고 추는
사라반드 춤이여!

14

## 축제의 얼굴

축제의 얼굴은 만나는 얼굴입니다.
자기 안을 들여다보는 얼굴과
자기 밖을 내다보는 얼굴과
앞을 바라보는 얼굴과
뒤를 돌아보는 얼굴이 서로 만나는
여러 개의 얼굴입니다.

15

## 부채 파는 노인

   지난 여름 이 자리에서 부채에 바람을 그려 팔던 노인
   폭염 속에 산들바람이 얼굴을 스쳐가듯
   서늘한 바람 한 자락을 은근하게 넘겨주던 그 노인은
   오늘 그 자리에 보이지 않는다
   부채는 주인 잃은 오색 연처럼 내 눈 앞에 펄럭인다.

16

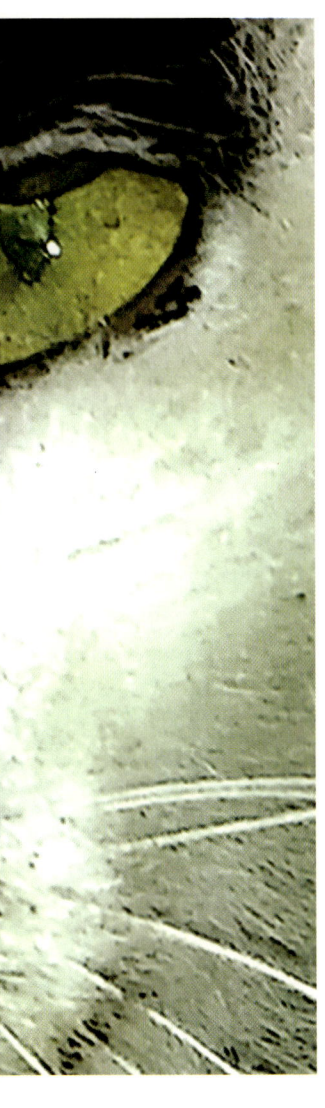

## 고양이·1

너는 어안렌즈 같은 그 눈으로
세상의 무명을 밝히는 것이냐
아니면 세상의 빛으로
네 안의 어둠을 밝히는 것이냐
너는 사람처럼 해탈을 꿈꾸는 것이냐.

2부

17

## 사진론

풍경은 카메라를 든 사람의 뜻대로
날개를 활짝 펴주지는 않는다
자기 실체를 들어내 보이지도 않는다
카메라를 든 사람은
비극의 절정으로 다가가는 주인공이나
우리 현실에는 보이지 않는 추상을
풍경 속에서 찾아내야 한다.

18

## 시계의 기억

시계는 어느 오후의 풍경을 보이고 있으나
실은 더 많은 풍경을 기억하고 있다.
한 시절을 뭉뚱그리는 풍경 하나를 그리워하나
기억은 늘 여러 겹의 얼굴들로 연속된다.

19

# 그림자

평소에 우리의 몸체를 묵묵히 따라다니는
그림자를 우리가 믿음직하게 여기지만
때론 고공 곡예사처럼
공중에 맴도는 우리의 그림자를 보기도 하고
그림자가 뒤돌아 서서 몸체를 응시하거나
몸체를 시공 밖으로
밀어내는 것을 볼 때도 있다
우리는 신화를 포기하지 못한다.

20

## 강아지에게

 귀여운 강아지야! 너를 보니, 우리 가족과 10년을 같이 살다 저 세상으로 간 우리 강아지 자니 생각이 난다. 저 세상으로 가기 직전, 자니는 사흘 연거푸 잠든 나의 얼굴을 오래 동안 핥아주었는데, 나는 섬짓한 예감이 들었어. 너는 이런 일을 알고 있을까?

## 뱃길

햇빛 윙윙거리는 이 여름날
바다 갈매기의 목소리에 몰두하며
내 속에 일어나는 낯선 불길을
푸른 파도로 식혀가며
구만리 뱃길를 떠나 볼까나.

22

## 트여 오는 풍경

아기자기한 이야기나 장면이 없더라도
천둥 번개 치는 극적인 구조가 없더라도
캄캄한 동굴 끝에 밝은 하늘이 비치듯
환히 트여 오는 풍광이 있다면
뜻있는 풍경화로 맞이해야 하리.

23

## 아라뱃길

언제 어디서 들어본 듯도 한
"아라 뱃길"이라는 이름에 이끌리어
어언 10년 내가 찾아간 뱃길에서
낡은 카메라로 찍은 사진 한 장…
돛대를 닮은 기계의 형상이
어느 먼 항해를 꿈꾸게 하네.

24

### 대면 -길가 고양이

이 만남이 참으로 거북하구나
찰나의 한가운데 충만하게 존재하는 너
영겁에 대한 번뇌로 찰나를 놓쳐버리는 나
부재를 걱정하지 않는 너
부재에 질려있는 나
너는 찰나와 영겁의 틈새를 무심히 넘나드는데
나는 찰나와 영겁 사이에 미아가 되었구나.

25

## 두 세상이 만날 때

이 세상에서 창문을 열면
저 세상에선 창문을 닫는다고 한다.
이 세상이 어둠에 묻히면
저 세상에는 무지개가 뜬다고 한다.
이 세상에 흐르는 강물은
저 세상에서 산맥으로 흘러간다.
이 세상 사람은 저 세상에
저 세상 사람들은 이 세상에
하염없는 눈길을 보낸다.

## 기억

기억은 우리의 피부에 문신을 새기고
침몰한 고대의 도시처럼
이명耳鳴으로 우리의 귀를 울려준다.
우리가 청룡이 그려진 종이 연으로
우리의 하늘을 낯설게 하듯
우리의 마음에 깊은 상처를 남긴다.
기억은 아득한 미래에 귀 기울이는 그리움이다.

27

## 신화·1

갓난애가 엄마의 젖을 먹듯
사람은 신화의 젖을 먹는다
신화의 꿈에서 깨어나
역사 속으로 나아가고
역사의 꿈에서 깨어나
신화 속으로 나아간다
갓난애가 엄마 얼굴의 기적에 놀라듯
사람은 펼쳐지는 신화의 홀로그램에 놀란다.

## 나무의 꿈

지붕 만한 나무의
모든 잎들이 참새가 되어
별나라에 갔다가
별빛을 입에 물고 제자리에 돌아와
밤새 별나라 이야기를 지저귀는
나무의 꿈을 나도 꾸고 싶네.

29

## 은유와 상징

내 낮의 시공 속에 솟아오른
은유와 상징들은
밤새 내 세포 속 하늘을 맴돌다가
아침이 되면
번뇌망상에 시달리는
내 존재의 칠현금을 울려준다.
내 시간에 묻어 있는
풍경들을 흔들어 놓고
내 목숨에 향방을 매겨준다.

30

# 춤

춤사위는 보여도
사람은 보이지 않는다
사람은 춤 속에 녹아 있고
춤의 얼만 파동 친다
집단무의식의 강물 위에 흘러가는 춤이여
춤과 같이 흘러가는 얼굴들이여
산과 들과 하늘에
떨림으로 보내는 그대 몸짓이여!

31

## 음악·2

너의 가락은 내 시간을
황홀한 꽃잎으로 만들 수도 있다
절창 중에 빗나간 판소리 가락처럼.

32

## 쩌가이 가브르메딘 시인

솔로몬 왕과 시바의 여왕의 후예가 사는 나라.
예언자 모세가 이스라엘 백성과 십여 년 머물었던 땅.
오페라 "아이다"의 여주인공의 조국.
우리 딸 강아지 자니가 태어난 곳.
한국 시에 관심이 많았던 에티오피아 계관시인, 극작가.
아득한 시공을 넘어, 지금 여기에서
한국 시인들과 눈인사를 나누시게.

3부

33

## 북한산을 그리며

한강을 바라보며 북한산을 생각하면
나는 알 듯도 하다
북한산 아래 사는 시인들이 더러
먼 바다도 그리워하고 포장마차도 그리면서
서로의 미망을 달래기도 한다는데
강이 흘러가는 시공이라면 산은 흔들리는 영겁인지
나는 알 듯도 하다.

## 신화 · 2

신석기 돌에서 꿈의 눈망울과 언어의 혀들이
자라났듯이
내 풍경 속에서 사물들은 서로를 꿈꾸며
고요의 동굴에서 우주의 울음 같은
주문들이 흘러나오고
뭇 신들이 서로의 이름을 부르리라
그러면 신화의 주동자들이
내 꿈의 각본을
내 풍경 속에 연출하리라.

## 우리의 찻사발

물, 불, 흙, 쇠, 바람과
땅과 하늘의 기운이 녹아있는
우리의 찻사발이여!
그 모습과 체감과 빛깔을 더듬으며
이 세상과 저 세상을 이어주는
황홀경에 빠진 사람들도 있는
우리의 찻사발이여!

## 환청의 신화

숲속 황금알 탄생을
우리 귓속 환청으로 듣고 보는 일은
하염없이 내달리는 우리의 시공을 다스릴
신화의 줄거리를 찾고
신전에서 불을 따와서
우리 존재 속에 등불을 켜는 것과 같다.

37

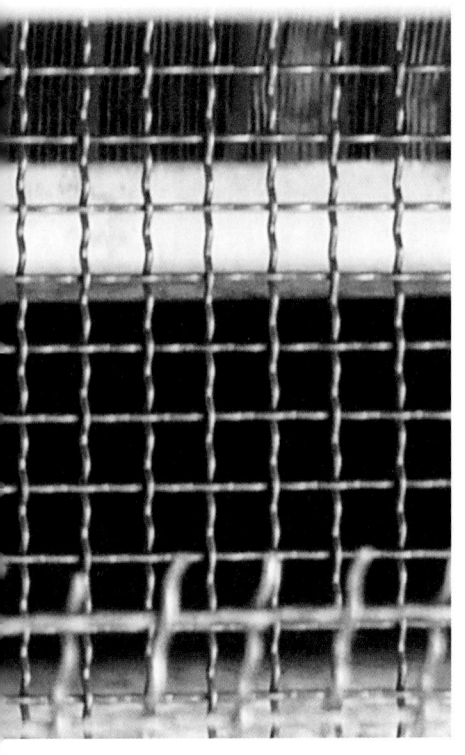

## 고양이

목숨의 가장 깊은 곳에서
끌어올린 눈빛이다
없는 것이 있는 것을 내다보는
있는 것이 없는 것을 들여다보는
그런 색신이다
너는 지금, 우리에겐 보이지 않는
어떤 신비에 놀라고 있는 것이냐?

38

## 자명종 시계

대낮이나 저녁 어스름께 전철 입구에 진열된 둥근 자명종들이 일제히 벨을 울려대는 것은 들을 때 마다 속이 시원한 일이었다. 그것은 동트는 새벽녘에 수탉이 팽팽히 홰를 치며 아침을 알리는 것과 같았다. 캄캄한 어둠을 깨는 생동감이 있었다. 어느 날 나는 3천 원짜리 그 자명종 하나를 샀는데 시계를 파는 노인은 홰치는 수탉 한 마리의 아침을 넘겨주듯 의젓한 얼굴로 내게 넘겨주었다.

39

## 붕어빵

길가에 서서 천원에 세 개
붕어빵을 먹고 있으면
존재의 거푸집을 떠난
은빛 붕어들이
끝없이 팽창한다는 우주의 하늘을
하염없이 헤엄쳐가는 것이 보인다.

40

## 에티오피아 신화

둘도 없는 내 친구 쩌가이 가브르메딘 시인이여
당신은 에티오피아의 신화와 역사가 얽힌
이런 이야기도 내게 보여주면서
내게 은근한 우정의 눈길을 보냈다
우리가 다시 만날 수 있다면
세상의 신비로운 일들에 관하여
할 이야기가 많을 텐데.

41

# 춤

춤을 추는 사람은 떠나도
춤은 남는다
춤을 본 사람의 눈에, 가슴에, 꿈에
떨림으로 남는다
춤은 존재의 중심에서 피어올라
우리의 축제를 밝혀주는 불꽃이다.

## 바다가 날 부르는 목소리는

바다가 날 부르는 목소리는
바다 바람에 실려오는 불꽃입니다
바다 색깔로 파랗게 된 불꽃입니다
불러도 불러도 뒤돌아보지 않는 불꽃입니다
바다가 날 부르는 목소리는
눈도 귀도 없는 불꽃입니다.

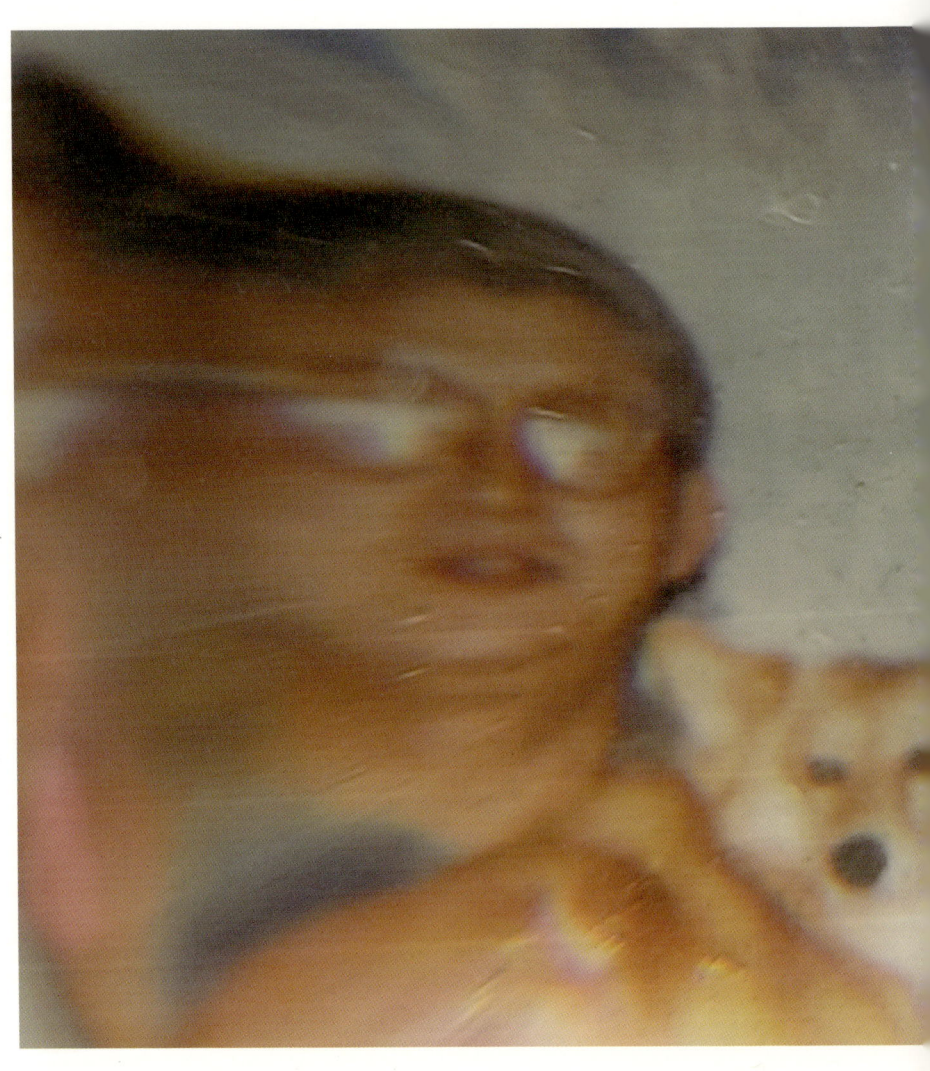

43

## 우리 강아지 자니에게·1

20년 전에 저 세상으로 간 강아지 자니가
나를 쳐다보고 있구나
나뭇잎이 바람에 날리는 낯선 골목 안에서
낯선 강아지의 눈으로 나를 쳐다보고 있구나
아는 듯 모르는 듯 나를 쳐다보고 있구나.

44

# 환청

밤중 음악이 집안 또는 밖에서 들려올 때가 있다
어려서 부르던 노래도, 병아리 소리도 섞여 있다
같이 사는 아들이 듣더니 그건 나의 환청이라고 한다
자기는 들은 적 없다고 한다
그 소리는 어디에서 오는 것일까?
내 속에 있는 어떤 우주에서 왔다가
어느 우주 속으로 사라지는 것일까?

45

## 과일 상점

지구의 중력에 끌려서 우리의 몸은 날지 못한다
우리의 기쁨과 슬픔도 날지 못한다
존재여 날아다오, 하늘로 하늘로 솟아올라다오
화창한 봄날 과일 상점에 쌓인 과일처럼
하늘로 떠올라라, 내 존재여!

## 우리 강아지 자니에게·2

자니야, 너는
우리가 부르는 목소리를 미처 듣지 못하고
이승과 저승 사이 옅은 여울을
훌쩍 건너가 버렸구나
이승과 저승 사이 깊은 강을
뒤도 돌아보지 않고
훌쩍 건너가 버렸구나.

47

# 고도를 기다리며 -사무엘 베케트

48

## 해질녘 한강에서

은빛 비늘을 번득이며 흐르는 강물은
시간의 좋은 은유가 되겠지만
시간과 영겁이 만나는 곳에서
은유는 그 불연속선을 견디지 못한다
강물은,
만화경 속 같은 영겁 광경이 터지기를
바라는 사람의 눈에 된장 끓는 냄새 나는
영겁 풍경을 언뜻 보여준다.

4부

49

## 마차와 바퀴

바퀴를 잃고 호수를 건너간 마차에는
몇 사람이 타서 몇 개의 바퀴를 보았는가?
말은 하늘로 가고 마차는 산 너머 사라지고
바퀴는 허공을 떠돈다면
마차와 바퀴와 말은 모두 몇인가?
몇은 있는 것이고, 몇은 없는 것인가?

50

## 거울·2

나를 텅 빈 침묵의 공간이라고 사람들이 말하지만
실은 많은 소리들이 내 속에 살고 있어요
내 속의 형상들은 저마다 다른 소리로 나를 울려주어요
나는 당신의 꿈을 온 몸에 담고 싶어요
그 꿈도 떠다니는 원뿔 모양 내 삶의 일부일 테니
내 속에 잠기는 삼라만상도 내 삶의 일부지요
나는 눈꺼풀 없는 뜬 눈으로
영겁을 꿈꾸며 스스로 있는 존재에요.

51

## 시인 라이너 마리아 릴케 작 "묘비명"

장미여! 오 온전한 모순,
여러 겹 눈꺼풀 속
주인 없는 잠의 황홀이여!
/고창수 역

52

## 만선

찬란한 만선의 깃발을 펄럭이며
우리의 고깃배는
심해어의 눈에 담긴
태고 시공의 번득임을 싣고
아직도 퍼렇게 숨쉬고 있는
심해의 낯선 시공을 그대로 싣고
지금 뭍으로 돌아오고 있네요.

53

## 나무의 꿈

푸른 하늘 깊숙이
잎과 가지와 온 몸을 뻗는 나무의 몸짓
그것은 사람의 애타는 염원 같은 것이다
그것은 나무가 신명을 바쳐 꾸는 신비로운 꿈이다
어느 여름 밤 바다가 심해어의 눈으로
내 꿈을 응시했을 때처럼 신비로운 꿈이다.

54

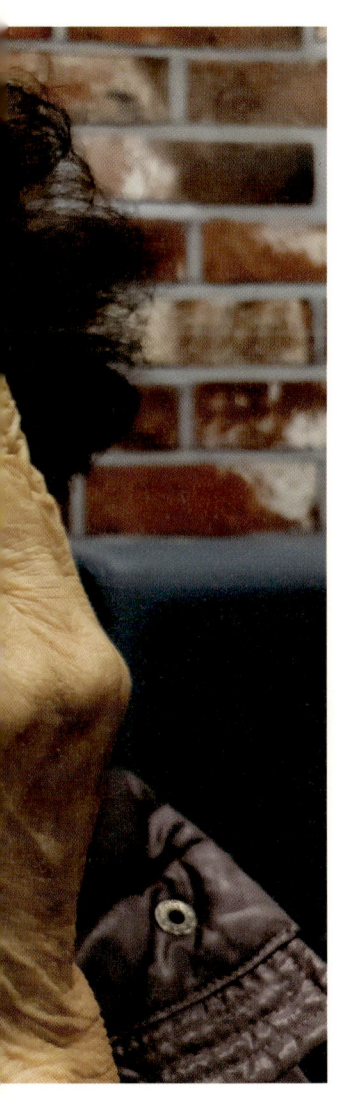

## 얼굴·2

인사동에 내가 오면 당신은 인사동에 없다
내가 골목에 들어서면 당신의 모습은
골목 저편 끝에서 사라진다
그러나 당신의 얼굴은 인사동에서 만나는
뭇 사람의 얼굴 속에 언뜻 언뜻 비친다.

55

## 바닷가 환청

연안부두에 없는 것을 찾아온 사람이
영문도 모르고 듣는
갈매기 소리.
작약도로 가라고
아무 말 말고 작약도로 가보라고.
한 시절의 바다 목소리
한 시절의 유랑
한 시절의 가난
한 시절의 몽상.

56

## 선시 습작

산은 산이오
물은 물이로다.
산은 산에
물은 물에 잠겼도다.

스님, 불 들어갑니다.

57

## 두 세상이 만날 때·2

두 세상이 만날 때
한 세상에는 들리지 않는
목소리가 들린다
제3의 세상의 풍경도 어른거린다.

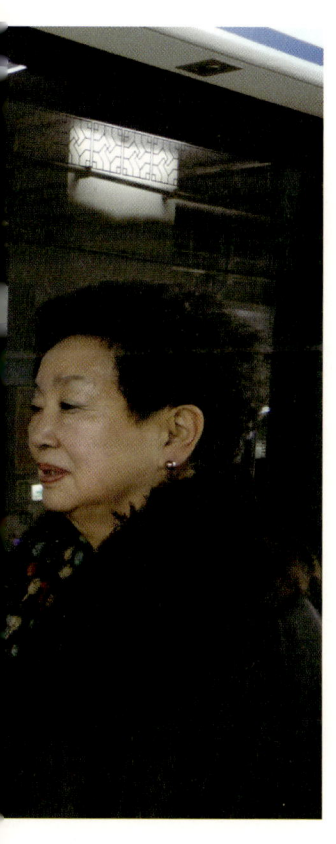

## 마네킨 인형

거리에서, 골목에서, 건물 속에서 사람들과 어울려
사람들과 겹치며 마네킨 인형들이 존재한다
마네킹들의 가상현실 속에서 사람들의 모습은
실존적 존재감을 더해 간다
마네킨 인형의 가공현실은 사람의 실존 속에
야릇한 존재감을 투영한다.

59

## 신화의 황금알

태고의 동굴 속 사람의 꿈속을 떠돌다가
하늘 그 깊은 시공 속에 떴다가
다시 사람의 꿈으로 돌아와
한 오백 년 사람들 꿈을 흘러내려서
오늘 우리 호수 위에 떠있는 황금알이여!

60

# 새해의 신화

이 청룡의 해에
그 옛적 떠돌던 유랑민처럼
낯선 땅과 하늘과 산과 바다를 탐험하자.
우리 붕새의 승천에도 박수를 보내자.
하늘과 땅과 모든 동굴에서
서로의 이름을 부르는 목소리들이 번쩍이고,
우리의 찰나 위에 영겁이 번개 치고 천둥 치는
우리의 신화들을 연출해보자.
신명 나는 강강술래를 다 함께 추어보자.

61

## 꿈에만 만나는 사람들

꿈에만 만나는 사람들이 있다
이따금 꿈 속에서
낯익은 골목을 지나
정해진 곳에서 만나는 사람들
생시에는 만난 일이 없지만
오래 사귄 사람들처럼 정이 들었다
생시에 한번 만나보고 싶은 사람들.

62

## 곡예사

우리는 허공을 헤매는 곡예사
우리를 부르는 당신의 목소리를 따라
있음과 없음, 빛과 어둠 사이
그 아득한 허공을 날아가지요
가수가 그 노래 속으로 녹아들 듯
무용가가 그 춤 속으로 녹아들 듯
살과 뼈를 버리는 우리의 헤맴은
끝없는 명상과 기도와 사랑이지요.

63

## 겹쳐진 시간과 공간

시공의 벨이 울리고 무대가 설 때
사람의 이야기는 시작되고
연극은 펼쳐진다.
시공 속에서 사람의 실존은 전개된다.
그러나, 사람은
여러 시공이 겹쳐져서
시공의 미로를 빠져 나와
춤과 노래가 울려 퍼지고,
보이지 않고 들리지 않는
무한과 진공묘유의 우주가 트여오는
기적을 늘 갈구한다.

## 간절한 음악

모든 예술은 음악의 상태를 기린다고 하지요
그림은 시이고 시는 그림이라고 하지요
시는 음악이고 무용이라고 하지요
건축은 얼어붙은 음악이라고도 하지요
나를 부르는 당신의 목소리도 간절한 음악이지요.

겨울 나무

내 깃털은 다 빠지고
내 몸은 추위 속에 얼어붙어도
봄 여름 가을 겨울 빛나던

당신의 얼굴을 기리며 꿈 꾸어요.
아름다움과 기도와 꿈은
찰나와 영겁이 만나는 곳이니까요.